SE VEND AU PROFIT DU MONUMENT

A LA MÉMOIRE

DES

VICTIMES DE LA GUERRE

ET DE LA CATASTROPHE DE LAON

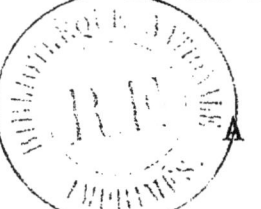

A LEURS FAMILLES

ET

AUX HABITANTS DE MONTCORNET

1er Avril 1872.

VERVINS

IMPRIMERIE A. FLEM, SUCCESSEUR DE PAPILLON

—

1872

INAUGURATION

DU MONUMENT ÉLEVÉ A LA

MÉMOIRE DES VICTIMES

DE LA

CATASTROPHE DE LAON

Le lundi de Pâques, 1er avril, la commune de Montcornet a inauguré le monument élevé à la mémoire de ses trente-cinq enfants, victimes de la guerre et de la catastrophe de Laon. A onze heures du matin, le conseil municipal et les autorités réunies à l'hôtel-de-ville se rendent à l'église ; une longue procession composée des jeunes gens de Montcornet et des communes voisines les précédait, portant, au milieu d'eux, sur un brancard de verdure, une grande et magnifique couronne sur laquelle se lisaient ces paroles : *A nos camarades*. Le corps de musique, qui a perdu dans cet accident sept de ses membres, marchait à la suite, sous la direction de M. Fontaine, son chef ; au-dessus de ce groupe était portée une couronne riche et de bon goût, à laquelle était attachée une médaille obtenue au concours de Laon par une des victimes,

Eugène Pinon, soliste de piston. Notre nouvelle compagnie de pompiers escortait le cortége sous le commandement de M. Gautier, jeune officier de l'armée du Nord, et qui avait amené de Tavaux quelques mobiles revêtus de leur costume.

Le cortége, suivi des parents, se dirige vers l'église où déjà se pressait une foule silencieuse et sympathique. L'église de Montcornet, si remarquable par son plan, son élévation et son étendue, se prête admirablement à ces grandes cérémonies ! Les autels étaient resplendissants de lumières; des tentures blanches et noires descendaient des voûtes élevées et s'agitaient au-dessus de faisceaux de drapeaux et d'un grand nombre de couronnes offertes par les parents et les amis. La messe du jour fût chantée avec solennité par M. le Doyen, entouré de quelques prêtres du canton. L'autel principal, couvert de cierges et de candélabres au milieu desquels s'élevaient des arbustes verts dont les fleurs commencent à s'épanouir, les ornements blancs du célébrant et du clergé, les paroles de l'office qui célèbrent le triomphe de l'Homme-Dieu, inspiraient aux personnes qui suivent et comprennent les belles cérémonies de la liturgie catholique, de douces pensées de consolation et d'espérance, en nous montrant nos *martyrs* dans un monde meilleur. Pendant la messe, deux personnes dévouées, Mesdames Gagneux-Watteau et Philipoteaux-Soyeux, conduites par MM. Watteau, maire, et Demeaux, adjoint, ont fait une quête pour aider au paiement du monument, quête qui a produit quatre cent soixante-treize francs.

Après l'office, la procession se forme pour se diriger vers le cimetière ; à la suite de la croix marchent sur deux rangs tous les élèves de nos maisons d'éducation : les jeunes personnes, les jeunes gens portant chacun une couronne à la main, le clergé, les autorités, les familles des victimes et la foule des assistants; à leur entrée dans le cimetière, les différentes parties de cette procession se rangent autour du monument et forment une immense couronne.

Un tertre formé d'un massif de maçonnerie, de terres et de gazons, et mesurant à sa base huit mètres de côté sur deux de hauteur, s'élève au milieu du cimetière ; une chaîne, magnifique par son travail et ses proportions, et supportée par vingt poteaux en fonte le couronne et l'entoure. Au milieu du tertre deux blocs de pierre bleue de Glageon, dont l'un mesure deux mètres sur chacune de ses faces et l'autre un mètre 50 cent., servent de base au monument.

Le monument sort de la maison Chapal et C*, de Paris, et a été coulé sur un modèle présenté par cette maison : il se compose d'un piédestal de un mètre 50 cent. de hauteur, orné de guirlandes, de couronnes et de flammes ; sur l'une des faces du piédestal se lit cette inscription : *Aux victimes de la catastrophe de Laon, 9 septembre 1870;* sur la face opposée : *Ce monument a été érigé par les habitants de Montcornet, les parents des victimes, M. Guyenne, curé-doyen de Montcornet.* Les deux autres faces portent des armes. Sur ce piédestal s'élève la colonne, haute de trois mètres 50 cent. ; les noms de nos trente-cinq victimes coulés en relief sur des plaques qui s'adaptent dans la colonne occupent sa partie inférieure ; la partie supérieure est ornée de branches de cyprès. Au milieu de la colonne se détache de chaque côté un bastion dont les flancs déchirés rappellent douloureusement la catastrophe. Au-dessus de la colonne s'élève un chapiteau bien dessiné et portant au milieu de ses ornementations quatre têtes de mobiles pleines d'expression. Le monument est dominé par un ange aux ailes déployées, dans l'attitude de la prière, les bras croisés sur la poitrine ; sa tête doucement inclinée vers la terre semble faire tomber des paroles de consolation et d'espérance dans les cœurs désolés des amis et des parents de nos victimes.

Avant de procéder à la bénédiction, M. Guyenne, curé de la paroisse, adressa à la foule pénétrée d'une religieuse tristesse les paroles suivantes :

« *Non contristemini sicut cœteri qui spem non habent.*

» Ne vous affligez pas comme ceux qui n'ont pas d'espérance. » Admirable pensée que l'Eglise inscrit à la porte de nos cimetières et qui seule a la vertu de consoler les plus grandes douleurs.

» La cérémonie que nous accomplissons en ce moment ravive dans bien des cœurs des plaies que le temps ne fermera jamais. Parents affligés, mères inconsolables, épouses qui avez connu les tristesses du veuvage au lendemain de votre mariage, enfants qui avez perdu votre père avant de le connaître, frères, sœurs et amis de nos trop nombreuses victimes, non, vous n'oublierez jamais cet accident qui vous a ravi si cruellement un enfant, un soutien, un époux, un père, un frère et un ami tendrement aimé!!!

» Le 9 septembre 1870 sera un jour de tristesse pour le canton de Rozoy-sur-Serre, et les nombreuses familles qui ont été, en ce jour, si cruellement éprouvées dans leurs affections les plus chères, en feront l'anniversaire dans la tristesse et dans les larmes. Mais de toutes les communes du canton, aucune n'a été éprouvée, dans ce jour à jamais malheureux, comme la commune de Montcornet.

» Nous avions vu partir cette jeunesse si intéressante, animée d'un véritable patriotisme et ne donnant, malgré les tristes pressentiments qu'inspiraient nos premiers revers, aucun signe de crainte ou de faiblesse.

» Après le désastre de Sedan, où la valeur de nos soldats dut céder au nombre, les colonnes ennemies, comme un torrent impétueux, envahissent le département et menacent la ville de Laon. Tous nos mobiles,

— 7 —

à l'exception de trois faits prisonniers à l'attaque de la gare de Loivre, sont à leur poste, au poste du danger; ils n'ont pas déserté le drapeau... Pourquoi ces jeunes gens si dignes de figurer dans les rangs de nos soldats n'ont-ils pas été placés dans l'armée active? Ah! du moins après les désastres de la patrie, nous aurions revu cette jeunesse, l'espérance du pays, et aux malheurs qui sont venus nous frapper nous n'aurions pas à ajouter le malheur mille fois plus grand, l'irréparable malheur de compter plus de trente victimes dont la mort affreuse et inutile a causé dans tant de foyers et de cœurs un vide et un chagrin qui subsisteront jusqu'à la mort!

L'ennemi s'avançait en colonnes pressées dans le rues de Montcornet; nos âmes étaient remplies de tristesse, et par la vue de ces ennemis orgueilleux et par la pensée des désastres de la patrie, lorsqu'une sourde détonation en agitant nos demeures retentit douloureusement dans nos cœurs comme un sinistre pressentiment!... C'était le glas funèbre de nos chers enfants tués de la mort la plus horrible, pleins des douces pensées de la famille qu'ils allaient revoir et embrasser! Dans cette catastrophe, ont été affreusement mutilés cinq jeunes gens mariés, huit fils uniques, quatre soutiens de pauvres veuves, et les enfants des maisons de commerce et d'industrie les plus importantes de Montcornet : le pays compte donc, avec ceux de ses enfants qui sont morts sur le champ de bataille ou dans la captivité, TRENTE-SIX VICTIMES.

» La douleur aime à se souvenir, et quand la mort nous a ravi une personne que nous avons sincèrement aimée, nous la faisons vivre dans nos souvenirs et dans notre affection... J'en appelle à vos cœurs, mères justement désolées, n'éprouvez-vous pas une grande consolation à nourrir votre pensée du souvenir de vos enfants frappés par une mort aussi affreuse loin de vos secours et de vos embrassements!

» Les regrets des habitants et la douleur des familles ne pouvaient et ne devaient pas se contenter de ce souvenir quand la plupart de nos victimes reposent loin du tombeau de leurs parents ou même sur une terre étrangère ; une souscription fût donc organisée dans la commune et parmi les familles éprouvées, afin d'élever, dans le champ bénit de la mort, un monument à la mémoire de nos martyrs, et de perpétuer dans les générations qui ne les auront pas connus, leurs noms, le souvenir de leur patriotisme et de leur mort. Au nom de la commune qui a perdu et qui pleure ses enfants ; au nom des familles si cruellement éprouvées, je remercie toutes les personnes généreuses et compâtissantes qui ont voulu concourir à l'érection de ce monument et donner à nos trop nombreuses victimes cette marque de sympathie et de regrets !

« Chers martyrs du devoir, votre souvenir ne périra donc pas ! Vos amis et les habitants de cette commune, dans leurs pieux pélerinages au champ bénit de la mort, aimeront à lire vos noms gravés sur le bronze, à payer à votre mémoire la dette de l'amitié et le tribut de la prière.

» Nous y recueillerons encore un autre enseignement; laissez-moi vous l'offrir par la bouche d'un aumônier militaire qui après avoir assisté nos soldats sur les champs de bataille, les a suivis dans la captivité, et qui a eu pour eux, dans la terre d'exil, le dévoûment d'un père et la tendresse d'une mère ! Le P. Joseph, conduisant une dernière fois ses enfants (c'est le nom qu'il aimait à donner a nos prisonniers) sur les tombes de leurs camarades morts loin de la France et de leurs parents, leur disait : « Ne croyez
» pas que nos catastrophes soient le fait d'une heure
» de lâcheté et d'oubli du devoir. Non ! elles remon-
» tent plus haut : un siècle entier y a travaillé. On a
» semé dans les âmes de désolantes doctrines, le jour-
» nalisme cynique, les réunions, les théâtres, les ro-
» mans, les mauvais discours, les livres impies ou

» obscènes ont attaqué la religion et répété sous mille
» formes : « Quand on est mort, tout est mort. »

» Qu'en est-il résulté ? La discipline a disparu, le respect de l'autorité s'est évanoui ; aux chastes mœurs qui font la force des sociétés et des armées a succédé un sensualisme hideux; la sainte liberté des âmes est devenue la licence de faire tout, excepté le bien, et le vice a été appelé vertu !

» Alors pourquoi se dévouer à la patrie et se faire tuer sur un champ de bataille si, quand on est mort, tout est mort. Avez-vous du cœur, mes amis, et voulez-vous tous travailler à la résurrection morale de la patrie humiliée et en ruines, aimez l'abnégation du devoir, combattez énergiquement les passions honteuses, sources de tous nos désastres. Mais comme ce combat est au-dessus de vos forces, cherchez la force de Dieu dans l'amour et la patrie, de la religion, et dans la fidélité à la prière et aux sacrements. C'est elle, et elle seule qui en nous ménageant la victoire sur nos passions nous ménagera la victoire sur le champ de bataille et les moyens de guérir les plaies de la patrie.

» Et vous, chers parents, laissez-moi vous offrir dans ce moment tristement solennel les consolations de la foi, les seules vraies et efficaces. Jésus-Christ, dont nous célébrons aujourd'hui le triomphe glorieux sur la mort, a dit : Je suis la résurrection et la vie, et celui qui croit en moi, quand il serait mort, vivra. Vos enfants sont morts pour la patrie, la cause la plus noble la plus sainte après le martyre; cet acte de dévouement héroïque leur a mérité au moment suprême, j'en ai la douce confiance, du Dieu qui est mort pour nous et qui aime par-dessus tout le sacrifice, une de ces grâces qui, comme l'éclair, illumine les intelligences et purifie les cœurs. L'explosion a bien pu mutiler et tuer le corps de vos enfants, mais elle n'a pu atteindre la partie la plus noble d'eux-mêmes, leur âme. Après le laborieux pèlerinage de cette courte existence, et les mérites d'une vie chrétienne, vous les reverrez ces chers enfants et vous leur serez réunis pour toujours. Heureux ceux qui ont conservé assez de dignité et de respect d'eux-mêmes pour comprendre et croire ces vérités.

» Prions donc pour ces jeunes gens qu'une mort cruelle et prématurée a ravis à notre affection; prions, c'est la seule c'est la plus douce consolation qui nous reste. Et vous, O ! Divin Jésus, dont le cœur est un abîme de miséricorde, abaissez vos regards sur les larmes et les prières de cette nombreuse assemblée, abaissez-les sur les tristesses indicibles et les supplications des mères de nos victimes, et donnez à nos martyrs le repos et le bonheur dans la compagnie de vos anges et de vos saints. »

Pie Jesus, Domine, dona eis requiem.

Amen.

Après cette allocution, M. le Doyen recommanda aux prières les trente-cinq victimes que Montcornet, dont la population ne compte pas deux mille âmes, a eu le malheur de perdre. Nous croyons être agréable aux familles de ces jeunes gens, à leurs amis et aux habitants en insérant ici les noms de ceux que nous pleurons :

1. Bénoni Bégé, tué à Laon.
2. Constant Blin-Brion, id.
3. Léon Brabant, id.
4. Marie-Joseph Briquet, id.
5. Léon Coulbeau-Hasard, id.
6. Paul Diancourt, id.
7. Désiré Doublié, id.
8. Auguste Fleury, id.
9. Aymar-Fournier Maillard, id.
10. Charles Gobert, id.
11. Edmond Garot-Dizy, id.
12. Julien Grégoire, id.

13. François Hery, id.
14. Léon Lafon, id.
15. Arthur Lemaire-Fontaine, id.
16. Arthur Lemaire-Mercier, id.
17. Constantin Lépissier-Petit, id.
18. Alfred Lépissier-Sallandre, id.
19. Martial Lépissier-Lépissier, id.
20. Léon Martinet-Legrez, id.
21. Isaïe Mennesson-Crochet, id.
22. Armand Mennesson-Mennesson, id.
23. Omer Michelet, id.
24. Pierre Pascal-Bourgogne, id.
25. Alfred Patin, id.
26. Henri Pinon-Barbier, id.
27. Eugène Pinon-Fromage, id.
28. Athanase Prudhomme, id.
29. Eugène Soyeux-Tellier, id.
30. Henri Tombois, id.
31. Edouard Varoteaux-Bailly, id.
32. Alfred Lemaire, tué à Wissembourg.
33. Camille Tricot, mort à Ulm.
34. Edouard Gallet, mort à Erfurth.
35. Eugène Godet-Tendart, mort à Valenciennes.

A ce moment, M. Paul Caron, associé à M. son père dans la direction du collége de Montcornet, se fit, dans un discours que nous reproduisons plus loin et qui sera lu avec intérêt, l'interprète de la jeunesse du pays; notre jeune directeur était sergent-major de la compagnie de mobiles du canton de Rozoy, qui compte plus de 150 victimes; il était avec ses infortunés camarades sur le théâtre de la catastrophe, à laquelle il n'a échappé que par miracle. Voici son discours :

» Messieurs,

» Au nom de la jeunesse de Montcornet, qui m'a imposé l'honneur bien immérité d'être son interprète, au nom des restes de l'infortunée compagnie du canton de Rozoy sur-Serre, permettez-moi de rendre un dernier et solennel hommage à ceux de nos malheureux amis que la mort nous a si cruellement ravis, et dont nous honorons aujourd'hui la mémoire par l'érection de cette colonne funéraire.

» Quelles tristes pensées, quels déchirants souvenirs éveille en nos âmes la vue de ce monument ! Il y a dix huit mois à peine, les jeunes gens dont il doit perpétuer la fidélité au devoir, quittaient leur pays, leurs parents, leurs amis, pour aller offrir à la patrie le soutien de leur bras. Ils partirent tous, brillants de jeunesse et d'espérance, embrasés de ce patriotisme ardent et généreux que connaît seul un cœur de vingt ans.

» Oh ! comme il était beau, comme il était touchant, le départ de ces nobles jeunes hommes abandonnant leur famille à la voix de la France en péril ! Combien différent de cette cérémonie funèbre, quand ils s'éloignèrent de leur pays natal !

» Bien que l'heure de nos revers eût déjà sonné, on entendait encore des cris d'encouragement dans ce même pays où règne aujourd'hui le silence des profondes afflictions; une brillante jeunesse, l'ornement de cette localité, rêvait encore la gloire de la France et le triomphe de ses armes, là où on ne voit plus qu'amertume et que regrets. Tant sont haut et impénétrables les desseins de Dieu, qui s'est plu à briser es plus légitimes espérances et les plus nobles projets !

» Le 12 août, la compagnie du canton de Rozoy partait pour le chef-lieu. Là, par son excellente tenue, par ses progrès rapides dans le maniement des armes, elle se fit remarquer entre toutes et désigner la première pour courir au danger. Le 28, on la détachait à Guignicourt. Alors commencent ses malheurs. Le 3 septembre, elle est obligée de battre en retraite; cinq de nos plus chers et de nos plus braves compagnons, tombés aux mains de l'ennemi, sont emmenés captifs. — Il semblait que la Providence voulût ainsi les soustraire à de plus grands périls. Ceux qui purent s'échapper, dispersés, perdus dans la campagne, se retrouvent, après toute une nuit de marche et de fatigues, presque dans leurs foyers. Là, ils auraient pu, sans inconvénient, jouir du repos et de la sécurité qu'ils ne devaient plus trouver ailleurs; mais ces cœurs courageux ne voulurent pas conserver, au prix de l'honneur, une existence consacrée désormais à la patrie. J'en connais qui traversèrent les lignes prussiennes pour arriver à leur poste, le jour même où ils devaient mourir.

» La veille de ce jour fatal, des craintes vagues, de lugubres appréhensions oppressaient tous les cœurs. Chacun pressentait quelque chose d'extraordinaire pour le lendemain. Nos victimes, n'écoutant que la voix du devoir, restèrent fidèles au poste, plusieurs même, la nuit, goûtèrent à mes côtés un paisible sommeil. Hélas ! c'était le dernier !..... Le lendemain ils expiraient dans les tortures les plus cruelles.

» O mes infortunés compagnons, quand les ombres de la mort se répandirent autour de vous, quand vos yeux se fermèrent aux dernières clartés de la terre, vos lèvres mourantes n'ont-elles pas murmuré vainement des noms chéris ?.... N'avez-vous pas cherché des regards que vous n'avez pas vus, et désiré avec les adieux de parents aimés, la dernière étreinte d'une main amie pressée dans la vôtre ?....

» Mères de nos victimes, si du moins vos enfants se fussent éteints dans vos bras !.... Si vous aviez pu soutenir de votre main leur tête agonisante, recueillir leur dernier soupir, et, à cette heure d'abandon suprême, verser dans leur cœur des paroles de paix et de consolation !..... Mais ils sont morts loin de vous, ils sont morts au printemps de leurs jours, ils sont tombés comme la fleur emportée par l'orage !...

» Hélas ! que de projets, que d'espérances, que de rêves d'avenir furent brisés en un instant !.....

» Et maintenant, sept seulement reposent dans cette terre du sommeil; une main pieuse peut du moins orner de fleurs la tombe où ils reposent; les autres dorment là-bas, sur la montagne, la plupart à côté de l'étranger, inconnus, introuvables, et sans les fleurs d'une mère !....

» Oh ! non, non, le tribut des regrets et des larmes ne saurait suffire dans cette triste circonstance, et c'est avec raison qu'une pensée généreuse a proposé d'honorer publiquement, par l'érection de ce monument, ces défenseurs de la patrie, ces victimes deux fois saintes du devoir et de l'honneur. Leurs frères viendront puiser ici, au pied de cette colonne funèbre, les sentiments de patriotisme et de dévouement dont elle leur rappellera l'exemple; les mères viendront y prier avec plus de confiance et de foi, et, dans ces entretiens si consolants de la vie avec la mort, dans ces douces illusions si faciles aux cœurs maternels, elles croiront voir planer au-dessus du noir mausolée l'âme de l'enfant bien-aimé qu'elles ont perdu; les étrangers liront gravés sur ce bronze, les noms de nos immortels martyrs; ces noms rappelleront cette inscription de la Grèce antique : « Passant, va dire à Sparte que » nous sommes morts pour la défense de ses saintes » lois, » et le souvenir de nos martyrs se perpétuera dans les générations futures.

» Parents de nos victimes du 9 septembre, et vous, parents de ces courageux soldats morts au sein des batailles ou sur la terre d'exil, je n'essaierai pas de vous consoler; votre douleur est trop grande et trop légitime; néanmoins, que le concours de cette foule immense et recueillie, que les regrets qu'elle exprime, que les hommages qu'elle rend à ceux qui ne sont plus, que l'honneur attaché désormais au nom de vos enfants, apportent un adoucissement à l'amertume de vos chagrins.

» Et vous, nobles martyrs, vous, amis chéris que la mort nous a trop tôt ravis, au nom de cette jeunesse que vous avez connue, au nom de ceux que vous avez aimés, agréez, avec nos regrets et nos larmes, ces couronnes, faible témoignage de reconnaissance et d'affection; ces couronnes, symbole de la couronne impérissable que vous avez aujourd'hui, nous l'espérons, dans le séjour de l'immortalité!.... »

M. Baudesson, ancien maire de Dizy-le-Gros, prononça également, au nom des pays voisins, un discours bien écrit et rempli d'une émotion que l'orateur fit passer dans l'âme de ses auditeurs.

Pendant le chant du *De Profundis*, les jeunes gens vinrent tour à tour déposer leurs couronnes aux pieds du monument; à leur suite, les autorités, les parents, les amis et tous les assistants passèrent devant la colonne en jetant de l'eau bénite.

Avant de quitter le cimetière, M. le Doyen, suivi du clergé, bénit les monuments élevés sur les tombes de Léon Brabant, Léon Martinet, Léon Coulbeau, Eugène Pinon et Martial Lépissier, dont les corps mutilés ont pu être recueillis par leurs infortunés parents.

La commission chargée de l'érection du monument prie les personnes qui auraient la pieuse pensée de donner une marque de sympathie à nos victimes de vouloir bien remettre leur offrande entre les mains de M. le Doyen ; il reste encore à donner une somme assez importante sur le prix du monument, parce que nous comptons parmi nos morts beaucoup de jeunes gens qui appartiennent à des familles gênées et pauvres.

www.ingramcontent.com/pod-product-compliance
Lightning Source LLC
Chambersburg PA
CBHW061628040426
42450CB00010B/2716